イラスト
だけでわかる！

接客のきほん

岩倉正枝
MASAE IWAKURA

JN022769

ダイヤモンド社

はじめに

この本は、眺めるだけで販売スタッフとしての接客のきほんがひととおりわかるようになっています。ページをめくるだけで**売れるコツ**や**お客様やスタッフとの関係づくり**がわかるので、スピーディに店頭に立てるようになります。

この本に書かれている内容は一見、当たり前のことばかりなので、「簡単にできそう」と思うかもしれません。

ところが、実際にこれを全部やるのは相当むずかしいことです。売上のプレッシャーで笑顔がなくなったり、過酷な肉体労働であいさつする余裕がなくなったりと、本来やらなければいけないことを見失う状況が次々とやってくるからです。

私はコンサルタントとしてさまざまなブランドにたずさわっていますが、**当たり前**

のことが当たり前にできているお店には、売上もよく雰囲気もいい、という共通点があります。

はじめて接客の仕事につく、という方は、前日にこの本を読んでおけば、次の日からさっそく役立てることができ、失敗を減らせるでしょう。

また、店長となったばかりで、どうやってスタッフを指導していけばいいかに悩んでいる方にも、指導書として活用していただければうれしく思います。

ベテランの方がもう一度きほんに立ち返るために読んでいただくのもいいでしょう。

仕事には波があるので、当然、うまくいかない時期もやってきます。

それでも深い底をつくらず、ある程度高いところで安定した仕事をするためには、やはりきほんがしっかりできていないといけません。気持ちが揺らいだときこそ、この本に書かれている内容を思い出し、うまく切りかえていただけたらと思います。

販売の仕事は離職率が高いといわれていますが、その要因のほとんどが人間関係で

す。この本には**職場の人間関係を円滑にするようなヒント**もたくさん載っているので、人とうまくいかなくて仕事をやめるという悲劇を未然に防ぐこともできるでしょう。

そして究極的には、お客様との関係も人間関係です。

毎日の出会いをいかに楽しむかが、この仕事の醍醐味だと思います。

お客様がよろこんでくれることを真剣に考え、ただ物を売るのではなく、サービスを通して真心や、「今日一日、楽しかった」と思っていただけるようなあたたかいも**のを提供できるスタッフになってほしい**、と願っています。

そしてお客様や周囲の仲間たちから返される「**ありがとう**」の言葉が、あなたの人生を豊かなものにしてくれることでしょう。

岩倉正枝

CHAPTER

3

お店で接客編

CHAPTER

4

クレーム対応編

One for all.
All for one!

きほんの
心がけ編

01

お店のスタッフ同士が
よい関係でいること。

TIPS FOR SHOP STAFF

　まず心がけてほしいのは、スタッフ間のコミュニケーション。
よい関係がきずけている店舗は、お客様にもその雰囲気が伝わり、
　　　　　すてきな時間を提供できます。

そのためには事前に準備し、5分前にスタートできるようにしましょう。
　あわてていると、何かを忘れたり、ミスしたりしてしまうものです。

02

つねに
明るく、元気に、自分から
あいさつをしましょう。

TIPS FOR SHOP STAFF

積極的に
自分から進んで
あいさつをする

おはよう
ございます！

出勤時

「マジックフレーズ」とは
人間関係をスムーズにする
魔法の言いまわしのことです。

03

マジックフレーズを
活用しましょう。

TIPS FOR SHOP STAFF

クッション言葉

例

恐れ入り
ますが……

お手数
おかけします
が……

（スタッフ間）
お忙しいところ
申し訳ありません……

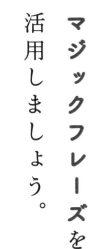

お願いごとなどの前に、相手を気づかう
「クッション言葉」をそえると、
相手が気持ちよく動いてくれます

— 18 —

命令形を依頼形に

「〜してください」 → 「〜をお願いできますか」
お客様に対しても、スタッフ同士でも、何かをお願いするときには
動いていただくことに感謝の気持ちをこめて、お願いしましょう。

お客様への依頼	こちらのお客様カードにお名前とご住所のご記入をお願いできますでしょうか	こちらのお客様カードにお名前とご住所をお書きください
スタッフへの依頼	○○さん！忙しいところ申し訳ありません。○○をお願いできますか	○○さん！これやっておいて

あとよし言葉で「よいこと」をあとに

彼女はミスが多いが仕事は速い	彼女は仕事は速いがミスが多い
白は汚れやすいがりんとして見え、迫力がある	白はりんとして見えるが、汚れやすい

など、セールストークにも使えます

あいまいな言い方はしない

12 時に商品を
お渡しできます

商品の修理が
仕上がるのは、
昼ごろです

昼という時間帯は人によってとらえ方が違い、
11 時に来店されるケースもあります。
あいまいに伝えず、確実な時間を伝えましょう

サイズについては遠まわしな言い方をする

こちらの商品は少し小さめに
できておりますので、
ひとつ上のサイズを
お試しくださいませ

M サイズでは小さいと思いますよ。
お客様でしたら L サイズです

サイズに関しては、非常にナーバスになるお客様が多いです。
伝え方に気をつけましょう

店舗でよく使うフレーズ

私がお持ちいたします
（商品やお客様のバッグなど）

恐れ入ります
（お客様に動いて
いただいたとき）

おかばんを
お持ちいたします
（お客様が鏡ごしに商品を
合わせているときなど）

たいへん
お似合いで
ございます

ぜひ、
お試しください

（スタッフ間の共有）
○○様がお越しになりました。
○○をご覧になっていらっしゃいました。
またご来店いただけるそうです

日ごろからニュースキャスターやコメンテーターの
言葉づかいを研究してね！
仕事では、スタッフ間での「ちゃん」づけや
あだ名、呼び捨てなどはNG！

04

電話応対のときは、
顔が見えていない相手に
最高にすてきな笑顔でいる
ことを声で伝えて。

TIPS FOR SHOP STAFF

電話応対では、つねに会社の代表であることを忘れないで！
必ずメモを取って復唱して！
相手のお名前、連絡先をメモすること。

05

報告と連絡は大事。

TIPS FOR SHOP STAFF

「ホウ（報告）・レン（連絡）・ソウ（相談）」は基本中の基本。
でも、ほとんどの人ができていないのです。

自分がどんな仕事をしているか理解してもらうためにも
報告と連絡は大事。
それは、社会人としての責任を果たすことでもあります。

06

相談する相手は見きわめよう！

TIPS FOR SHOP STAFF

仕事をしていると必ず壁にぶつかります。

そんなとき、友達や同僚に相談するよりも、すでにその壁を乗り越えている先輩に相談するほうがよいでしょう。

もしもあなたが店長なら、店長の経験者にしかわからない壁や悩みがあるものです。

乗り越える方法を知っている人に相談するのが近道。

失敗ばかりしている人に相談すれば、失敗する方法を教えられます。

成功してキラキラしている人に相談してね！

職場の人間関係

あなたが店長なら、
ほかの店舗の店長に相談すると、
よいアドバイスがもらえるかもしれません。
あなたがスタッフなら、まずは店長に相談してみてね！
店長との人間関係に悩みがあるときは、
店長の上のポジションの人に相談するといいですよ。

顧客がつくれない

すでに顧客を
たくさん持っている
先輩に相談して
みてください。

売上不振

売上成績のよい先輩に
相談してみてください。

自分自身が
成長しているのか不安

人事部の話しやすい人や
店長に相談してね！

07

時間厳守！

TIPS FOR SHOP STAFF

時間を守らないと、たくさんの人に迷惑をかけることになるし、
あなたの信用もガタ落ち！
どんなに能力があっても、時間を守らない人は
ビジネスの世界では認められません。

やむをえず遅刻をする場合は、とにかく早い段階で連絡をしましょう。
そのためにも事前に上司や本部の連絡先をスマホなどに
登録しておきましょう。

知っておくべき連絡先

- ☑ 店長
- ☑ 一緒に働いているスタッフ
- ☑ 本社の担当者
- ☑ 働いている商業施設のフロアマネジャー

店長がお休みのとき、朝早く電話をしても出てくれないということもあります。
お休みですから仕方ありません。しかし、自分が出勤しないとお店がオープ
ンできないような場合、遅れることを連絡する責任があります。

● 始業時間は、
仕事をスタート
できる時間です。

08

何事も**準備**が**大切**。

● ギリギリに出社すると、
一日中あわてているような
感覚になります。

● 遅刻してしまうと
「遅刻してしまいました。申し訳ありません」
という言葉からスタートすることに。

TIPS FOR SHOP STAFF

● 一日中引け目を感じて、
気持ちの切り替えができない場合もあります。

プロとして準備しておきたいこと

☑ **制服の点検**
（ シミ、シワがなく、清潔にたもたれているか ）

☑ **店舗の清掃**

☑ **昨日の売上、他店の売上などの確認**

☑ **お客様との約束ごとの確認**
（ 来店するのがわかっているときは、おすすめしたい商品の選定など ）

☑ **おすすめしたい商品の選定など**

☑ **店舗ディスプレイのチェック**

☑ **ショッピングバッグの補充や筆記用具の確認など**

事前に準備し
開店5分前にはスタートラインに
ついていないと！

あわてていると
何かを忘れていたりするものです。

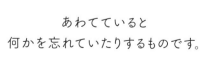

09

仕事はスピードが命。 Here & Now!

TIPS FOR SHOP STAFF

店長や先輩からの指示はもちろん、めんどうなことでも
気づいたら、すぐに動きましょう!

10

徹底的にメモを取る！

TIPS FOR SHOP STAFF

ただ書きうつすのではなく、
心に感じたことも書いて！
そうすれば、その先、どう動くべきかが
わかってきます。

たとえば
つねに先輩から言われていることを
メモするなら、

ストックは、
つねに整理整頓
しておいてください

ハイ！

このままノートに記入するのではなく、
心に感じたこともいっしょに書いておきましょう。

11

つねに前向きな姿勢が大事。

TIPS FOR SHOP STAFF

「お客様がよろこんでくだされば、今日の仕事は大成功!!」
そう思いましょう!　もちろん笑顔も!
ネガティブシンキングでいると、お客様に伝わってしまいます。

12

どんなときにも
笑顔を忘れないで。

TIPS FOR SHOP STAFF

接客時にも同僚とのコミュニケーションにも
笑顔が重要な役割を果たします。

NO. 01 | どんな瞬間も 人との出会いを大切に

　全便が欠航となってしまい、混み合う海外の空港で、待合スペースの席に座っていたときのことです。一人の女性が疲れきった様子で立っているのに気づいて、その方に席をお譲（ゆず）りしました。

　しばらくすると隣の席が空いたので私も座ることができ、席をお譲りした女性とおしゃべりをしました。その方から仕事は何をしているのかと尋ねられた私は、お店で働いていることと、その場所を答えました。すると後日、その方がお店まで会いに来てくれたのです。最終的には年間600万円以上も購入される一番のお得意様になりました。

　ほかにも、飲食店で隣の席の方と親しくなり、その方が上顧客（じょうこきゃく）になったり、販売スタッフとお客様という出会いからお互いの家を行き来するまでの友人になれた経験もあります。しかし、「お店に来てくださいね」などと言ったことは一度もありません。ただ「どんな仕事をしているの?」と聞かれ、私はこういうところで毎日楽しく働いている、と伝えただけです。楽しそうに仕事をしているのが伝わることで「私も行ってみたい」と思ってもらえたのでしょう。どんな瞬間も人との出会いを大切にし、同時に楽しむことが人生を豊かにしてくれるのです。

身だしなみ
&マナー編

13

お客様の前を
横切らないといけないときは
お辞儀（じぎ）か目礼（もくれい）を。

FOR SHOP STAFF

失礼いたします

ペコ

ピタ

と、お辞儀をする

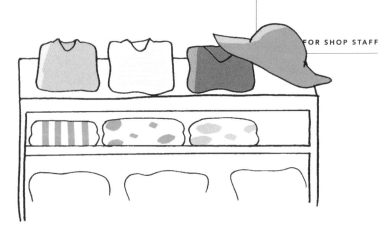

14

同年代のお客様でも
つねに**敬語**で**お話し**しましょう。

TIPS FOR SHOP STAFF

例

×

持って
くるね〜

それ
似合ってる!

どんなにお客様がフレンドリーでも
お客様とスタッフである、という距離は
しっかりたもちましょう。

15

身だしなみは
人に対する礼儀。

TIPS FOR SHOP STAFF

あなたの身だしなみは、ともにすごす時間を
どれだけ大切に思っているかを相手に伝えることでもあります。
女性の場合、ノーメイクは下着姿でいるのと同じで
失礼なことです。人としての評価に関わります。

つねに人の視線を意識した立ち居ふるまいを！
見られている意識が姿勢をよくしますし、
身のこなしも優雅になります。

身だしなみの基準は、
各ブランドで違っています。
共通しているのは
清潔であり、清潔に見えること。
すべての年代の方に受け入れられる
ヴィジュアル（見た目）を心がけてください。

16

ブランドのイメージに
合った身だしなみ
ができているか
確認しましょう。

TIPS FOR SHOP STAFF

ブランドごとに必ず
コスチュームガイドラインがあり、
店舗での服装と見え方を
明確にしています。

ストリート系のブランドですと、ピアスは無制限に○Kのところもあります。きれいめのストリート系ですと、ピアスは片方の耳に2つまでなど。

髪の色も自由で紫、黄色、オレンジなど好きな色に染めることが許されているブランドもありますが、なかには髪や爪の色を指定するブランドもあります。

百貨店ですと、指輪は1つまでというところがほとんどですが、商業施設やショッピングセンターでは、商品を傷つけなければ制限しないなどがルールになっています。自分で判断せず、配属先のルールに従いましょう。

整理整頓しておくと、スムーズに仕事が進みます。

どこに何があるか整理され、把握できていれば、お客様をお待たせすることもなくなります。

什器の中やお客様の目に触れる場所の乱れは、率先して片づけましょう。

整理整頓のチェックリスト

☑ **レジまわり**

内レジ（店舗にレジがある場合）では金銭の授受を店頭でおこないます。

17

つねに **整理整頓** を
気にかけていて！

TIPS FOR SHOP STAFF

レジのあるデスクには、筆記用具、電卓、トレイのみを置き、すっきりした状態にしておきましょう。デスクに複数の伝票やお会計のためのトレイなどが乱雑に置かれていると、重大な間違いにつながることもあります。

たとえば、同じ会社のカードをたまたまお客様同士がお持ちだった場合、お客様も気づかず、ほかのお客様のカードを持って帰ってしまうなど、ありえないと思えるようなことが実際にはよくあるのです。

☑ 什器の中のストック

店頭の引き出し式のストックは、お客様の目に触れやすいです。
美しく整理整頓しましょう。お客様が必要としている商品もすぐにピックアップできます。つめこまれた引き出しの中から引っ張り出し、探している状態はスマートとは言えません。

☑ ストックの把握

店舗では引き出し式、ハンギング、棚式など1か所だけではなく、2か所、3か所に分けてストックしていることが多々あります。
どこに何が入っているのか把握しておかないと、お客様の「この商品の色ちがいでMサイズがほしい」とのご依頼に、あちこちのストックを探しまわることになってしまいます。

ストックはあつかう商品やブランドにより整理整頓の方法がちがいます。
ブランドごとのルールを勉強しましょう。

● 色別、サイズ別に整理されている。
● サイズごとに整理されている。
● デザインごとに整理されている。

18

スタッフ同士で
笑い合っていては
いけません！

TIPS FOR SHOP STAFF

お客様は自分が笑われていると、
かんちがいすることがあります！
十分気をつけて！

19

仕事中に友人が
店に来てくれたら、
しっかり接客しましょう。

TIPS FOR SHOP STAFF

例

✕

あー！
久しぶり〜
元気だった〜？

友人も大事なお客様です。
顔を見にきてくれただけなら、休憩時間を伝えて
待っていてもらいましょう！

20

SNSで顧客情報や社内情報、社外秘の情報などを漏洩してはいけません。

TIPS FOR SHOP STAFF

いつセールをするかは社外秘です。
お客様がセールを待ってしまい、お買い物をしてくださらなくなります。
ブランドとしてセール開催日は、決められた日に公表します。

 同じ店のスタッフのプライベートについて。
本人の許可がないかぎり漏洩禁止です。
店の販売スタッフの自宅をうっかり SNS などにアップしてしまうなどは
ストーカーを誘発するような行為です。

 同じ店のスタッフの悪口。
「店長は、けっこうパワハラです」
「スタッフの〇〇は、いつもギリギリに出社するので〜」
「スタッフの〇〇は、きほん、ハデなお客様が嫌いです」など。
本人にまったく悪気がなくても、コワいことです。

 販売スタッフの給与について、または購買割引率について。
「私たちは、安く買えるので〜」など。

✕ **「私が店にいるときにぜひ来てください。**
出勤日は〇日、〇日、〇日です」のような
自分の売上につなげるための投稿など。
お客様に販売スタッフの予定を合わせてもらうのではなく、お客様の予定
に合わせて自分が出勤するものです。また、お客様はお店の大事なお客様。
自分がいるときにだけご来店ください、というのは NG ！

NO. 02 | 苦手なタイプのお客様がいらしたら、どうする？

　研修でよく相談されるのが、「苦手なタイプのお客様が来たら、接客できません」というものです。ある販売スタッフはそんなお客様が来店されると、ほかの作業をしているふりをしながら、さりげなく遠ざかろうとしてしまうというのです。

　そこで私は、接客を順番制にすることにしました。そうすると、どんなお客様がいらしても、スタッフはこれまでのように逃げることができなくなりました。

　すると、何が起こったと思いますか？

　見た目で苦手だと思っていたお客様が、実はすごく面白い方だったり、優しい方だったりすることに気づいたというのです。以後、そのスタッフはお客様を選ばなくなりました。どんなお客様との出会いも楽しいと気づいたことで、売上も大幅に上がり、見ちがえるほど自信にあふれる販売スタッフになったのです。

　苦手そうと感じるのは、実はあなたの先入観や思い込みがそう思わせているだけかもしれません。人は見た目ではないということを忘れず、決してひるまずにフラットな接客を忘れないでください。

3

お店で
接客編

21

お店に入りやすい
雰囲気をつくるには、
歩きまわるより
手を動かすこと。

TIPS FOR SHOP STAFF

お客様がお店に入りやすい雰囲気をつくるには、
動的待機が有効です。

歩きまわるのではなく、手を動かして作業をしているようにすることで

お客様が安心してお店に入れるように配慮するのです。

ただし、意識はつねにお客様に向けておいてね！

22

お客様と目が合ったら
目礼してアプローチ
しましょう。

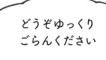

どうぞゆっくり
ごらんください

あなたと話しているだけで楽しくなるような
豊かでメリハリのある表情を心がけて!
目が合わないお客様は、「声をかけないで」という意思表示かも。
自由にゆっくりと見たいはず! そっとしておいてあげて!
それでも観察は続けましょう。

目が合う

目が合わない

23

お客様の
今日の気持ち、
状況などを
考えましょう。

TIPS FOR SHOP STAFF

ゆったり時間があるお客様

急ぎで買い物に来たお客様

タイミングが重要！
同じことをしてもタイミングをまちがえると失敗します。
急ぎで買い物に来たお客様なのか、
ゆったり時間があるお客様なのかによって
声のかけ方や声がけのタイミングを変えましょう。
絶妙なタイミングは、状況の把握と目の前のお客様の観察ができて
はじめて訪れるのです。

24

アイコンタクトを大切に。

お客様に気づいたら、しぜんな目くばりをし、
ほほ笑みをたやさないこと。
姿勢よくお客様のほうを向いて立つように心がけましょう。
離れたところにいるお客様にも
親しみのこもった目礼ができるよう意識してね。

25

ときには
「いらっしゃいませ」
以外の声がけを
しましょう。

TIPS FOR SHOP STAFF

26

お客様が嫌いな声がけは

「何かお探しですか」

「よかったら着てみてください」

「それ、かわいいでしょう」。

TIPS FOR SHOP STAFF

背後から幽霊のように声をかけないでね！
お客様はびっくりします。
また、「そのバッグかわいいですよね」と
いきなり商品をほめるのもいけません。
ちょっと触れただけの商品をいきなりおすすめするのもタブーです。

27

さりげなく
お客様の動きを観察して
「何かお手伝いいたしましょうか」
と声をかけましょう。

TIPS FOR SHOP STAFF

さりげなくお客様を観察していると、
同じ色あいのトップスばかりを見ているなど
何を探しているのかがわかってきます。
なんとなくフラッと来店したお客様であれば、ゆっくり見ていただき、
興味がありそうな商品の前で少し時間をかけているときに
「何かお手伝いいたしましょうか」と声をかけるのがよいでしょう。
「お手伝い」というワードなら嫌な気持ちにはならないからです。

28

会話の8割は聴くこと。

TIPS FOR SHOP STAFF

接客は、8割が聴くこと。お客様は話を聴いてほしいのです。
私たちがお伝えするのは、しっかり聴いて、
ニーズや考えを把握してから。
お客様の言葉にしっかり反応し、
ちゃんと聴いていることを伝えて、安心してもらいましょう。

29

自分が好きなもの
ではなく、
お客様が必要としている
ものを提案しましょう。

TIPS FOR SHOP STAFF

質問をする技術

ニーズ、情報を得たら、お客様が必要としているものを提案しましょう。
自分が好きなものを押し付けてはいけません。
お客様のライフスタイルに合わせて提案するには、会話が必要なのです。

どんなシーンで使うものを探しているのか。
どんな場所で、どのような時間帯なのか。
それを聞いたら、自信を持って商品をおすすめしましょう!
買うか買わないかは、お客様が決めます。
買えるか買えないかは、お客様だけが知っています。

30

ブランドの情報を
勉強し、
お客様に提供しましょう。

TIPS FOR SHOP STAFF

☑ ブランドの歴史

☑ ブランドコンセプト

☑ シーズンコンセプト

☑ 商品のセールストーク
（素材、デザイン、色、柄、季節性、
サイズ、サイズ感、価格、
取りあつかい方法、洗濯の仕方）

☑ 他ブランド情報

31

商品知識、
取りあつかい方法、
保管方法の3点を
勉強しましょう。

TIPS FOR SHOP STAFF

店舗では

店舗では商品がシワにならないようストックします。
売れ筋やよく出し入れするものは、
ストックルームの手前に置くと便利でしょう。
どこに何があるか、店舗の誰もがひと目でわかるようなストックの仕方を
心がけましょう。

お客様へのアフターフォロー（靴の場合）

ブーツなどの革製品は、湿気のあるところに置きっぱなしにすると、カビ
が生えてしまいます。汚れを落とし、除湿シートなどを使って保管してお
くと、翌年も気持ちよく使用することができます。
白いスニーカーや革素材のものなどは、防水スプレーをしておく提案を。

32

商品について、
この8つを言える
ようにしましょう。

TIPS FOR SHOP STAFF

☑ 素材　　　　☑ 季節性

☑ デザイン　　☑ 値段

☑ 色　　　　　☑ サイズとサイズ感

☑ 柄　　　　　☑ 取りあつかい方法（洗濯方法など）

素材　柄

カシミヤの
ケーブルニットです

デザイン

クルーネックのシンプルで
トラディショナルな
デザインで
秋口から春先まで
お使いになれます

色

季節性

カラーは、
赤、黒、ネイビー、
ベージュの4色です

サイズとサイズ感

サイズは、SMLの3サイズで
大きくもなく小さくもなく
フィットするサイズ感です

取りあつかい方法　値段

価格は消費税込みで、
2万9000円でございます

カシミヤですので、
お洗濯はクリーニングで
お願いいたします

例

デザインは、お客様が気づかないような細部までお伝えしましょう。
サイズ感を伝えるのは、大きめを着たい方や
フィットした着用感が好きな方がいらっしゃいますので、
「実際のサイズにこだわらずに提案する」という考え方からです。

お連れ様と一緒に来店されている場合、その関係を推測で判断しないこと。
友人か姉妹か、ご夫婦か同僚かは、接客の中でわかるはず。
会話が進む前に決めつけたような発言はひかえましょう。

NG パターン

こちらの商品は
ご年配の方に人気です！

お客様は
Lサイズですね！

そちらは、
ゆったりしているので
大丈夫だと思います！！

Mサイズでは
小さいと思います

OK パターン

そちらの商品は
人気の商品でございます

デザインがゆったりめなので
リラックスして
お召しになれます

こちらの商品は、小さめにできておりまして、
皆様ひとつ大きいサイズをお召しになります

年齢やサイズについての発言にも配慮が必要です。

34

品切れや
商品の取り寄せなど
誠意をもって対応
しましょう。

TIPS FOR SHOP STAFF

他店の在庫を
お調べします!

めんどうなそぶりを見せれば、お客様はほかのお店に行ってしまい
ます。店頭になくても、ほかの店舗に商品があるかお探しするのは、
当たり前のサービスです。

場合によってはネットで購入できることをお伝えしましょう。
それでもお客様のご要望に応えられない場合には、代替案を提案。
似た素材、似たデザイン、似たカラーなど進んでおすすめしましょう。
どんな状況でもお客様へのサービスをあきらめないで!

35

接客中に
ほかのお客様から
声をかけられたら、
無視はダメ！ 絶対！

TIPS FOR SHOP STAFF

両方のお客様に配慮し、臨機応変に対応しましょう。

36

買っていただけなかった
お客様も
笑顔でお見送り
しましょう。

TIPS FOR SHOP STAFF

「考えます」とおっしゃったお客様に、あからさまに「え〜買わないの?」
という表情をするのは、NG です。
今回買っていただけなくても、次回につながる接客を心がけて!
笑顔でお見送りしましょう。

37

フィッティングの際、
商品は
両手でていねいに
お渡ししてね！

ボタンをはずす

下から持つ

ボタンやジッパーをはずし、
お客様が着用しやすいように配慮しましょう。

38

お客様がフィッティングルームに入る際には、**コーディネートを考えて、**試着する商品にマッチしたほかの商品もお渡ししてね！

お客様に似合いそうなもの、関連商品をご提案！

トップスをお試しになる際には、ボトムスもお渡ししてください。

お客様が気に入ってくださったら、アクセサリーや帽子、

バッグ、シューズなどもおすすめして、

コーディネートを楽しんでいただきましょう。

39

フィッティングの際、
着用したお客様の
表情を読み取って！

TIPS FOR SHOP STAFF

表情を見れば、気に入っているかそうでないかがわかるはず。
気に入っていないのであれば
お客様が好みそうな別の商品をお持ちしましょう。

40

必要であれば
商品のお直しを
提案しましょう。

TIPS FOR SHOP STAFF

袖（そで）の長さ、裾（すそ）の長さは、1センチちがうと
まったく異なる印象になります。
高額な商品であれば、なおさらお客様にフィットするように
提案しましょう！

41

支払い方法について知っておきましょう。

TIPS FOR SHOP STAFF

カード払いにも、ボーナス一括、分割、一回と
さまざまな支払い方法があります。

42

お預かりした金額を
お客様といっしょに
確認すること。

金銭の授受が正しくできるようになりましょう。

カードの取りあつかいも慎重に。

特に現金の際には、お釣りをまちがえないように、

お預かりした金額をお客様といっしょに確認することが大事です。

43

鏡の前のお客様が さりげなく置いた バッグにも気くばりを！

TIPS FOR SHOP STAFF

貴重品は、手もとに置いていただきましょう！
もしくは、責任を持ってお持ちします。
見えない場所で預かるのはNG！

44

お買い上げが決定したら、
最高にすてきな笑顔と声で
「ありがとうございます」と
お伝えしましょう！

TIPS FOR SHOP STAFF

お買い上げいただいたよろこびをお伝えしましょう。

45

商品を
お包みする際には、
シワにならないように
気づかうこと。

TIPS FOR SHOP STAFF

家で包みを開けたときにがっかりさせないでね!

46

商品をお渡しする際は、
次につながる接客を
心がけて！

TIPS FOR SHOP STAFF

両手で心をこめて

私は、○○と申します。
何かございましたら
遠慮なくご連絡くださいませ

とお伝えしてお渡ししましょう。

47

お客様がショップから
出ても、
しばらくお見送りを
しましょう。

TIPS FOR SHOP STAFF

ふり向いたら、再度お辞儀をして感謝を伝えましょう。

48

顧客名簿に
お客様の正しい情報を
書きこみましょう。

顧客名簿に記入すべき内容

- ☑ お名前、住所、電話番号、可能ならメールアドレス
- ☑ お客様を覚えておくためのキーワード
- ☑ 職業、制服あり／なし
- ☑ ライフスタイル、趣味、お好み、好きな色
- ☑ お買い上げいただいた商品
- ☑ 家族構成、家族の行事
- ☑ 記念日
- ☑ お客様の情報源（好きな雑誌など）

忘れないうちに記入しましょう！

49

お客様が私たちを忘れる前に、サンキューレターを書きましょう。

TIPS FOR SHOP STAFF

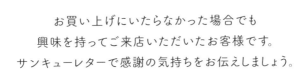

例

○○様

まだまだ暑さは続いておりますが、
日陰では少し涼を感じる季節になりました。
先日は、ご来店くださいまして
誠にありがとうございます。
せっかくご来店いただきながら
旅行に着ていかれるワンピースをご用意できず、
申し訳ありませんでした。
先日お話しくださいました家族旅行！
暑さも徐々にやわらいできましたので、
快適かと存じます。
ぜひ、楽しんでいらしてください。
どうぞお気をつけていってらっしゃいませ。

お買い上げにいたらなかった場合でも
興味を持ってご来店いただいたお客様です。
サンキューレターで感謝の気持ちをお伝えしましょう。

例

　　〇〇様

ようやく朝晩の空気に秋の気配が

感じられるようになりました。

先日は、ご来店くださいまして誠にありがとうございます。

また、〇〇（雑誌）の特集から私どもの店舗や服に興味を

もってくださいましたことを重ねてお礼申し上げます。

〇〇〇（ブランド名）は、この秋もパリにおきまして

〇〇年春夏コレクションを実施させていただきました。

これからも個性的でありながら、

お召しになる方々にご満足いただける服を提案させて

いただきたいと考えております。

秋の深まりとともに、よりファッションを楽しんでいただけます。

これからの時期は、約〇週間ごとに

新商品が入荷してまいります。

またどうぞ、気軽にお立ち寄りください。

寒暖の差が大きくなり体調を崩しやすい時期ですので

ご自愛ください。

お客様は、３日でうれしい体験を忘れてしまいます。

サンキューレターで思い出してもらいましょう。

50

電話対応も
重要な接客です！

TIPS FOR SHOP STAFF

● 電話をとるのは3コールまでに。
　なるべく早く出るようにしましょう。

● 会話の中で調べものの必要などがあり、1分以上お待たせしそうな場合には、いったん切ってから、改めてかけ直すこと。

●「恐れ入りますが、すぐにお調べいたしますので、折り返しご連絡させていただいてよろしいでしょうか?」
　と丁重に伝えましょう。
　その際に、先方の電話番号をきちんとうかがい、復唱してまらがいのないようにしましょう。

● お客様の声が聞き取りにくいときは
　「恐れ入りますが、お電話が遠いようなので、もう一度お願いできますでしょうか?」
　とお願いしましょう。

NO. 03 | 「僕を宇宙人にしてくれる?」 とお客様に言われて

　私のお店に、赤い髪にサテンのスーツといった、ひときわ目立つ格好のお客様が来店されました。一見、近寄りがたい雰囲気です。その方が販売スタッフにかけた一言が「僕を宇宙人にしてくれる?」。

　声をかけられた販売スタッフは、とっさにこう返しました。

　「どの星にしましょう?」

　すると、お客様は「面白い!」と乗ってきてくれました。販売スタッフも「何系の宇宙人にするか、いっしょに考えます」と言って、2人であれこれ服を選び、一度に150万円ほどご購入いただいたそうです。

　次にそのお客様は「君を育てた会社の社長に会いたい」と、私と接客した販売スタッフを食事に誘ってくださり、以来、親交を深め、ビジネスの話をする関係にまでなりました。

　お客様を見た目で判断せず、ハートを見る。接客の仕事にはそういう感覚が必要です。このお客様は現在、パリに渡ってデザイナーとして活躍されています。

CHAPTER

4

クレーム
対応編

51

クレームをいただいたら、まずは正しく状況を把握し、上司に報告しましょう。

TIPS FOR SHOP STAFF

クレームは、ありがたいお客様の声です。
報告しない場合には、
スタッフだけが問題をかかえることになります。
報告することで、上司と共有できます。まずは報告を!

52

お客様が
ご立腹の際には
「**3変の法則**」を
実行しましょう。

TIPS FOR SHOP STAFF

クレームに自分で対応しなければならない場合、
お客様からの大切な声として、真摯に受けとめ、
お客様の立場になって解決しましょう。

お客様がご立腹している本当の原因をつかみましょう。
それについてしっかりお詫びし、心の氷を溶かすことができれば、
怒っていたお客様を上顧客にすることもできます。
そのためには、誠心誠意対応することが大事です。
お客様がご立腹の際には、「3変の法則」を実行しましょう。

❶ 場所を変える

「お客様のお話をしっかりとうかがえる場所にご案内させていただきたいのですが、いかがでしょうか」

❷ 人を変える

「責任者の山田でございます。このたびはたいへん申し訳ございません。私が誠心誠意対応させていただきます」

❸ 時間を変える

「この件を本部に報告し、ご対応させていただきたいと存じます。17時までお時間をいただけますでしょうか」

お客様は、誠実に対応する姿勢が見えると、トーンダウンしてくださいます。
そして、スピーディーかつ、できる対応をすべておこなうと、上顧客になっていただけることも多々あります。
クレームをいただいたら、チャンスと思いましょう。

NO. 04 | 売上を上げるために 本当に必要なこと

　売上の報告をファックスでおこなっていたころの話です。私は自分のお店を何店舗か持っていて、当時はまだ珍しかったノートパソコンを各店舗にいち早く導入しました。ノートパソコン1台が100万円もした時代です。けれど、しばらくすると売上がどんどん落ち、自分の給料が出せない、お店もつぶれるかもしれないというところまできてしまったのです。

　そこで、抜き打ちで各店舗を調査しました。すると、売り場に立っているのは新人のアルバイトスタッフばかりで、販売力のあるトップクラスの販売スタッフはどの店舗でも例外なくパソコンの前に座っていたのです。

　これはまずいと、私は急いでパソコンを回収してまわることにしました。きちんとお客様に向き合って接客に専念してもらうためです。事務作業は私がやることにし、スタッフ教育もいったんは中止、とにかくお客様第一でやってくださいと促したところ、1か月で売上は落ちこんだ分も取り戻せるくらいに回復しました。

　この経験は、売上を上げるのはパソコンではなく、いかに販売スタッフがお客様のことだけを考えて接客に打ちこめるかなのだという自分への教訓となっています。

スキルアップ・
モチベーション編

53

「どんな販売スタッフに
なりたいか」
という目標を
持ちましょう!

TIPS FOR SHOP STAFF

店舗での仕事は、毎日、同じことの繰り返しのように感じるかもしれません。

でも、検品、品出し、店舗清掃、事務仕事など、販売スタッフの仕事は接客だけではありません。

だからこそ、しっかりとした目標を持ちましょう。

あなたにとって理想の販売スタッフとは？

どのような販売スタッフになりたいですか？

プロフェッショナルでクール？

お客様から信頼されるライフアドバイザーのような存在？

100名以上の顧客を持つプロの販売スタッフ？

お店には必ず数値目標があります。それはどんな店でも当たり前。

だからこそ数値目標ではない、高い志を持つことが大切です。

54

自分で考えて
自分で動かなければ
仕事は面白くない！

TIPS FOR SHOP STAFF

主体性を持って！
人に言われて動いているだけなら、操り人形と同じ。

55

何にでも
チャレンジして
視野を広げよう。

TIPS FOR SHOP STAFF

仕事以外のコミュニティ、たとえば習いごとやスポーツで
仕事以外の仲間をつくることで視野が広がります。
ゆくゆくは、そういうネットワークから顧客をつくることも可能です。

56

自分自身について
考える時間を
持ちましょう。

TIPS FOR SHOP STAFF

人の嫌なところなどは目につきます。

しかしながら、自分はどう?

自分の弱みや強み、今後の課題や目標について

考える時間を十分持ちましょう。「わかる」と「できる」はちがう!

わかっていると言っても、行動がともなっていないのなら、

本当の意味では理解できていないのかも。

できない言い訳ではなく、「どうしたらできるか」を考えましょう!

外部要因思考と内部要因思考がありますが、

何でも人のせいや環境のせいにする考え方が外部要因思考です。

人のせいにしたらラクかもしれません。

でも、それでは一歩も前に進めません。

自分の中に改善点を見つけて、前進! それが内部要因思考!

つねに成長し続ける姿勢が大切です。

NO. 05 | 足りない部分は、それを上まわる長所でカバーできる

　ある店舗に、笑顔があまり出ていなくて、「いらっしゃいませ」の声もひときわ小さい販売スタッフがいました。私はいつも「もうちょっと元気に声を出して」と言うのですが、彼はいっこうに変わりません。でも、意外なことにこのスタッフはお客様から人気で、次々と指名でご来店があり、顧客もどんどん増えていったのです。

　彼の長所は、一生懸命に取り組むことです。1つのことに真剣に取り組み、この服に合う商品を選ぶとなったら、お客様のために一緒になって最高の1枚をとことん探し出すようなタイプだったのです。

　この本でお伝えしている「きほん」は販売スタッフとして欠かせないことばかりですし、それを地道に実践していくのがベストです。でも彼の場合でいえば、少し足りない部分があっても、ほかのいい面でカバーすることで、独自のキャラクターを生かしながら周囲に認められる存在になることができました。

　たとえ苦手なことがあっても、技術的な部分でカバーしたり、一生懸命さでカバーしたりと、あなたの個性を生かしながら独自の接客スタイルを確立することも可能なのです。

CHAPTER

スキルアップ・
習慣編

TIPS FOR SHOP STAFF

57 - 63

57

「ありがとう」を たくさん言うことを 習慣にしましょう。

TIPS FOR SHOP STAFF

ありがとう

「ありがとうございます」が飛びかう職場って、すてき！

58

雑談も大事な接客です。

TIPS FOR SHOP STAFF

お客様に話題を提供するには、日ごろから情報収集が大事！
ニュースや流行に敏感になってください。
お客様との雑談も大事な接客です。
商品以外の話で盛り上がることができれば、
お客様にとっても楽しい時間となります。

59

自信を持って
行動しましょう。

TIPS FOR SHOP STAFF

優雅にゆったりと、自信を持って行動できていますか?
お客様のライフスタイルをさらに豊かにするアドバイザーとして、
自信を持って行動しましょう。

60

お客様の
憧れのスタッフを
目指しましょう。

つねにオシャレに気をくばり、お客様が憧れるスタイルを
提供することが、売上獲得の近道です。

61

困ったら
「人として
どうあるべきか」を
考えて行動しましょう。

TIPS FOR SHOP STAFF

お客様に心から
「よろこんでいただくことが、よろこび」です。

62

仕事では
優先順位と目的を
考えて行動しましょう。

TIPS FOR SHOP STAFF

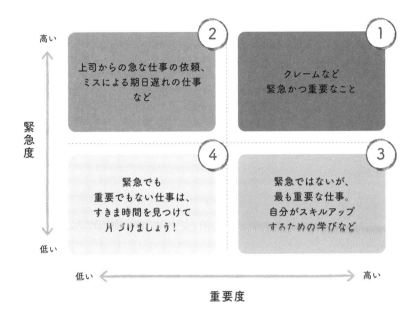

優先順位を考えて動きましょう! そして、つねに目的は何かを考えて行動しましょう。

目的を理解しないで動いていると、まちがった方向に進んでしまう可能性があるからです。

事務作業、検品、品出し、整理整頓、顧客管理など、仕事はたくさんあります。

でもよく考えて! 全体の流れ、前後の仕事を把握していれば、空気も読めるし、先まわりもできます。

点でものを見ると、対処法を誤ることがあります。

お店では、お客様がプライオリティ NO.1 !

すべての作業がお客様のためにあるのです。

63

仕事はチームワークを大事にして！

TIPS FOR SHOP STAFF

どんなに能力があっても、仕事は一人ではできません。

チームワークを大事にしてね!

つねに相手軸で考えて、行動しましょう。気くばり、気づきを持ちましょう。

観察を続けていれば、気がきく人財になれます!

リーダーシップは、リーダーでなくても発揮しなくてはならない時があるもの。上司は全能ではないので、代役をつとめられるように日ごろから上司を観察するのも大事なことです。

フォロワーシップとは、上司の欠点を把握し、絶妙に補うこと!

最高の参謀を目指しましょう!

やってはいけない！

こんな行動はいけません！

店内での喫煙・飲食	私用電話
私用の外出	私語、雑談、大声で笑う
ニックネームや 「ちゃん」づけでの 呼び方	金銭の貸し借り
スタッフが1か所 （カウンターまわりなど） にかたまる	お客様にお尻を向ける
お客様を無視する	商品を雑にあつかう

やってはいけない！

こんな行動はいけません！

手を
後ろで組む

腕を組む

ひじをつく

寄りかかって
立つ

足を
交差させて立つ

ダラダラと
疲れたように歩く

バタバタと
音を立てて走る

やってはいけない！

こんな言葉は NG！

うそー

ほんとー

あたし

商品批判
「こんなのよくない」
「売れない」

お客様批判
「感じの悪い客」
など

あんた

うん

だるい

疲れた

暇（ひま）だ

眠い

おまえ

えー?!

マジ？

超〜

意地悪な人は、
意地悪な顔に
なっていくものです。

ありがとう
ございます。

Thank you
very much.

きほんの
英 語 & 中 国 語

非常感謝

海外からいらしたお客様がご来店された際、
かんたんなお声がけの言葉を覚えておくと便利です。
ここでは英語と中国語（北京語）でのごあいさつや
お礼の言葉などを紹介します。
QRコードから動画で発音を確認することもできますので、
ぜひ覚えてください。
すべての動画は、https://diamond.jp/go/pb/hospitality/
からも確認することができます。

いらっしゃいませ

Hi. / Good morning. / Hello.
ハイ / グッドモーニング / ハロー

Good afternoon. / Good evening.
グッドアフタヌーン / グッドイーヴニング

欢迎光临
ファンイン グゥアンリン

何かお探しですか？

How can I help you? / How may I assist you with today?

ハウ キャナイ ヘルプ ユー？ / ハウ メイアイ アシスト ユー ウィズ トゥデイ？

How may I help you? / Are you looking for anything in particular?

ハウ メイアイ ヘルプ ユー？ / アーユー ルッキング フォー エニスィング イン パティキュラー？

您需要些什么

ニン シュウヤォ シェ シェンマ

何色がお好きですか？

What color would you like ?

ワット カラー ウッジュー ライク？

您喜欢什么颜色

ニン シファン シェンマ イェンスゥア

何サイズをお求めですか？

What size are you looking for?

ワット サイズ アー ユー ルッキング フォー？

您需要什么号码

ニン シューヤォ シェンマ ハァオマー

お客様のサイズをお持ちいたします

Let me bring you your size.

レット ミー ブリング ユー ユア サイズ

我去拿您的号码

ウァ チュ ナー ニン ダ ハァオマー

少々お待ちくださいませ

Could you please wait for a moment?

クッジュー プリーズ ウェイト フォァ モーメント?

请稍等片刻

チン シャオドン ピェン クゥー

ご試着なさいますか？

Would you like to try it on?

ウッジューライク トゥ トライ イット オン?

Would you like to try them on?

ウッジューライク トゥトライ ゼム オン?

您试穿一下码？

ニン シュートゥエン イーシャ マ

とてもお似合いです

You look very nice. / It looks great on you.

ユー ルック ヴェリー ナイス / イット ルックス グレイト オン ユー

They look great on you.

ゼイ ルック グレイト オン ユー

非常适合您

フェイツァン シィハァ ニン

はい、修理することは可能でございます

Yes, It can be repaired. / Yes, it can be fixed.

イェス, イット キャン ビー リペアード　／　イェス, イット キャン ビー フィックストゥ

是的，可以为您修理

シュィダ　クォーイー　ウェイニン　シューリー

修理に３日ほどかかります

It takes about 3 days to repair it.

イット テイクス アバウト スリー デイズ トゥ リペア イット

It takes about 3 days to fix it.

イット テイクス アバウト スリー デイズ トゥ フィックス イット

修理需要三天左右的时间

シューリー　シュウヤォ　サンテェン　ツォヨダ　シュージェン

残念ながら、ご指定の日にちにお渡しすることができません

Unfortunately, I'm afraid it is difficult to make it in time.

アンフォーチュネトリー, アイム アフレイド イット イズ ディフィカルト トゥ
メイク イット イン タイム

很抱歉，我们无法在您指定的时间内交给您

ハァンバオチェン　ウォメン　ウーファーザイニン　ジュウディンダ　シュージェンネイ　ジョゲニン

はい、お客様のご希望の日にご用意できます

Yes, We can make it in time.

イェス, ウィー キャン メイク イット イン タイム

是的，可以在您希望的时间为您准备好

シュィダ　クォーイー　ザイニン　シーワンダ　シュージェン　フェイニン　ジュンベイ　ハオ

ご帰国予定はいつですか？

When are you planning on returning to your country?

フェン アー ユー プランニング オン リターニング トゥ ユア カントリー？

您预定什么时候回国

ニン ウューデン シェンマ シューホウ ホイゴゥワ

免税の手続きをさせていただきます

I will process tax-exemption.

アイ ウィル プロセス タックス エグゼンプション

为您办理免税手续

ウェー ニン バンリ ミェンシュイ シュウシュー

商品代金は税込1100円でございます

The total comes to 1100 yen with tax.

ザ トータル カムズ トゥ イレヴン ハンドレット イェン ウィズ タックス

您的货款是含税1100日元

ニンダ ホゥクゥン シュー ハンシュイ イーチェンイーバイ ルーイェン

お釣りは500円でございます。／お釣りでございます

Your change is 500 yen. / Here's your change.

ユァ チェンジ イズ ファイヴ ハンドレット イェン／　　ヒアズ ユア チェンジ

找您500日元

ジャオ ニン ウーバイ ルーイェン

Please check.

プリーズ チェック

请确认

チン チュエ リェン

Please come back to see us again.

プリーズ カムバック トゥ スィー アス アゲイン

欢迎下次光临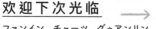

ファンイン チャーツ グゥアンリン

Thank you very much and you have a nice afternoon.

サンキュー ヴェリー マッチ アンド ユー ハヴァ ナイス アフタヌーン

非常感谢。祝您下午愉快！

フェツァン ガンシェイ ヂューニン シャウー ユゥクァイ!

［著者］

岩倉正枝（いわくら・まさえ）

1965年東京都生まれ。目白学園女子短期大学卒業後、全日空に入社し、VIP専用機の客室乗務員等を務める。結婚退職後、JTB添乗員、海外ブランドショップの販売スタッフ、ビジネスマナー講師等を経て、1999年、販売スタッフ教育・研修やブランドマーケティングを手がけるクレセントアイズを設立し、ラルフ ローレン等の有名ブランドで売り上げアップの成果をあげる。2006年、海外ブランド等の国内ショップへの人材派遣会社を立ち上げ、代表取締役に就任。
著書『高級ブランドのプレミアムな接客術』（ダイヤモンド社）は、中国でも翻訳出版され好評を得ている。

イラストだけでわかる！　接客のきほん

2021年4月20日　第1刷発行

著　者──岩倉正枝
発行所──ダイヤモンド社
　　　　　〒150-8409　東京都渋谷区神宮前6-12-17
　　　　　https://www.diamond.co.jp/
　　　　　電話／03・5778・7233（編集）　03・5778・7240（販売）

イラスト──藤井昌子
装幀────都井美穂子
写真撮影──板山一三（スタジオジーマック）
DTP制作──伏田光宏（F's factory）
編集協力──野本千尋
音声協力──クレセントアイズ
動画編集──磯部則光
製作進行──ダイヤモンド・グラフィック社
印刷────新藤慶昌堂
製本────加藤製本
編集担当──酒巻良江